TRAITÉ ÉLÉMENTAIRE

DES

PARTICIPES FRANÇAIS.

Librairie de DURANT DE LA PLACE, *Grande Rue n° 56,*
à Fontainebleau.

On y trouve tous les livres classiques et autres, aux prix qu'ils se paient à Paris chez les Éditeurs.

Cabinet de lecture et abonnement aux journaux.

DE L'IMPRIMERIE D'ÉVERAT,

RUE DU CADRAN N° 16, A PARIS.

TRAITÉ ÉLÉMENTAIRE

DES

PARTICIPES FRANÇAIS

RÉDUITS AUX RÈGLES LES PLUS SIMPLES;

SUIVIES

D'EXEMPLES PROPRES A EN FACILITER L'EXPLICATION;

PAR M. JEAN-PIERRE-LOUIS MASSE,

DIRECTEUR DU COLLÉGE DE FONTAINEBLEAU.

DÉDIÉ A SES ÉLÈVES.

A FONTAINEBLEAU,

CHEZ E. DURANT DE LA PLACE, LIBRAIRE.

1823.

TRAITÉ ÉLÉMENTAIRE

DES

PARTICIPES FRANÇAIS

~~~~~~

PARTICIPES FRANÇAIS.

————

Pour comprendre facilement les règles des Participes et les bien expliquer , il faut connaître les différentes espèces de verbes.

Il y a cinq sortes de verbes :

Les verbes 1° actif; 2° passif; 3° neutre; 4° pronominal; 5° unipersonnel.

On appelle verbe *actif* (ce mot vient du latin *agere*) celui dont le nominatif fait l'action , et après lequel on peut mettre *quelqu'un , quelque chose.*

Le verbe *passif* (ce mot vient du latin *pati*) est celui dont le sujet ou nominatif souffre l'action, comme Le Roi *est aimé.*

On appelle verbe *neutre* (dont l'étymologie vient du
~~~~~~

pronom latin *neuter*, etc.) celui qui n'est ni actif ni passif, et après lequel on ne peut mettre ni le mot *per-sonne*, ni le mot *chose;* par exemple : *dormir, tressail-lir*, etc.

Le verbe pronominal (mot composé de la préposi-tion latine *pro*, et de *nomen*) est celui qui se conjugue dans tous ses temps avec deux pronoms de la même per-sonne, comme *je me promène*, *je me bats*, etc.

On nomme verbe unipersonnel (mot formé du nom de nombre *unus*, etc., et de *persona*) celui qui ne se conjugue, dans tous les temps, qu'à la troisième per-ssnne, comme *il faut*, *il pleut*, etc.

De plus, il faut savoir parfaitement distinguer le no-minatif ou sujet, le régime direct et le régime indirect.

Le sujet ou nominatif répond à la question *qui est-ce qui?*

Le régime direct à la question *qu'est-ce que?*

Et le régime indirect, aux questions *à qui?* ou *de qui?*

EXEMPLE.

RÉGIMES

SUJET.	VERBE.	*direct.*	*indirect.*
Votre père	a vendu	sa maison	à mon frère.

Demande : Qui est-ce qui a vendu ?

Réponse : Votre père   Voilà le *sujet.*

Demande : Qu'est-ce qu'il a vendu ?

Réponse : Sa maison. Voilà le *régime direct.*

Demande : A qui ?

Reponse : A mon frère. Voilà le *régime indirect.*

§ . 1er.

DÉFINITION.

On a appelé Participe (du mot latin *particeps*) deux inflexions que les verbes reçoivent à l'infinitif, dont l'une se nomme participe présent, et l'autre participe passé. Cette dénomination vient de ce que le participe tient du verbe par la signification et le régime, et de l'adjectif par sa propriété de qualifier.

§ 2e.

PARTICIPE PRÉSENT.

Le participe présent est toujours terminé en *ant* et reste invariable.

EXEMPLE.

Un homme lisant|des hommes lisant.
Une femme jouant|des femmes jouant.

Il ne faut pas confondre avec le participe présent cer-
tains adjectifs verbaux, c'est-à-dire qui viennent des

verbes ; le participe présent est toujours précédé ou suivi d'un régime direct exprimé ou sous-entendu ; l'adjectif verbal n'a point de régime direct.

§ 3ᵉ.

Le participe présent ne varie jamais.

EXEMPLES.

PARTICIPES PRÉSENTS

Sans régime direct.

La mer *mugissant* ressemblait à une personne qui , ayant été trop long-temps irritée...

(FÉNÉLON.)

. . . . . et l'assiette *volant*
S'en va frapper le mur , et revient en roulant.

(BOILEAU , *Sat.* III.)

Un moment elle est gaie, un moment sérieuse ,
Riant, pleurant, jasant, se taisant à son tour ,
Enfin changeant d'humeur mille fois en un jour.

(DESTOUCHES.)

PARTICIPES PRÉSENTS

avec leurs régimes.

. . . Rome *subjuguant* l'univers abattu ,
Ne vaut pas un hameau qu'habite la vertu.

(DELILLE , *Homme des Champs.*)

Un peuple de beautés , un peuple de vainqueurs ,
Foulant d'un pied léger les gazons et les fleurs.

(THOMAS.)

Là , *nageant* dans son sang et souillé de poussière ,
Tournant encor vers moi sa mourante paupière ,
Cresphonte....

(VOLTAIRE.)

§ 4ᵉ.

L'adjectif verbal s'accorde en genre et en nombre avec le nom auquel il se rapporte.

EXEMPLES.

La terre *tremblante*
Frémit de terreur ;
L'onde turbulente
Mugit de fureur.

(J.-B. ROUSSEAU.)

Figure-toi Pyrrhus, les yeux *étincelants* ,
Entrant à la lueur de nos palais *brûlants*.

(RACINE.)

Je vois ces murs *sanglants*, ces portes embrasées :
Sous ces lambris *fumants*, ces femmes écrasées.

(VOLTAIRE.)

ADJECTIFS VERBAUX

suivis d'un régime.

Mais sans cesse *ignorants* de nos propres besoins ,
Nous demandons au ciel ce qu'il nous faut le moins.

(BOILEAU.)

B

Abondante en richesse, ou *puissante* en crédit,
Je demeure toujours la fille d'un proscrit.

(P^{re} CORNEILLE.)

§ 5e.

DU PARTICIPE PASSÉ.

PREMIÈRE RÈGLE.

Le participe passé employé sans auxiliaire s'accorde, comme l'adjectif, en genre et en nombre avec le substantif ou le pronom qui le modifie.

EXEMPLES.

Les méchans ont bien de la peine à demeurer *unis*.

(FÉNÉLON.)

Que de remparts *détruits!* que de villes *forcées!*
Que de moissons de gloire, en courant *amassées!*

(BOILEAU.)

§ 6e.

Participe passé employé dans les temps composés des verbes actifs, avec le verbe avoir.

DEUXIÈME RÈGLE.

Le participe passé accompagné du verbe *avoir* ne s'accorde jamais avec son nominatif, mais avec son régime direct quand il en est précédé, et jamais avec son régime indirect.

EXEMPLES.

Si Dieu nous *a distingués* des autres animaux, c'est surtout par le don de la parole.

(QUINTILIEN.)

Pour sauver son crédit, il faut cacher sa perte ;
Celle que, par malheur, nos gens *avaient soufferte*,
Ne put se réparer.

(LA FONTAINE.)

. . . . Vous devez votre fille à la Grèce,
Vous nous l'*avez promise*.

(RACINE.)

Cette foule de chefs, d'esclaves, de muets,
M'*ont vendu*, dès long-temps, leur silence et leurs vies.

(RACINE.)

Pierre-le-Grand *a forcé* la nature en tout : mais il l'*a forcée* pour l'embellir. Les arts qu'il *a transplantés* de ses mains dans des pays dont plusieurs alors étaient sauvages, *ont*, en fructifiant, *rendu* témoignage à son génie, et *éternisé* sa mémoire.

(VOLTAIRE, *Histoire de Russie*.)

§ 7e.

Du Participe passé employé dans les temps des verbes passifs, avec le verbe être.

TROISIÈME RÈGLE.

Le participe passé accompagné du verbe *être*, s'accorde toujours en genre et en nombre avec son sujet.

EXEMPLES.

La vertu timide *est* souvent *opprimée.*

(MASSILLON.)

Je ne vois rien ici dont je ne *sois blessée.*

(RACINE.)

§ 8e.

Du Participe passé employé dans les temps des verbes neutres.

QUATRIÈME RÈGLE.

Les verbes neutres se conjuguent tantôt avec l'auxiliaire *être*, et tantôt avec l'auxiliaire *avoir:* dans le premier cas, le participe passé suit la règle des verbes passifs, c'est-à-dire qu'on le fait accorder en genre et en nombre avec le sujet ; et dans le second cas, il est invariable, ou ne prend l'accord que quand il est précédé de son régime direct ; et jamais un verbe neutre n'est accompagné de cette espèce de régime.

EXEMPLES.

Nous *sommes enfin venus* à ce grand empire qui a englouti tous les empires de l'univers, d'où sont sortis les plus grands royaumes du monde que nous habitons.

(BOSSUET, *Hist. Universelle.*)

Tous les maux *sont sortis* de ce don détestable....
Tous les maux *sont venus* de la triste Pandore.

(VOLTAIRE.)

C'est à l'ombre des lois que tous les arts *sont nés.*

(THOMAS.)

As-tu vu quelle joie *a paru* dans ses yeux!

(TH. CORNEILLE.)

La justice et la modération de nos ennemis nous ont plus *nui* que leur valeur.

(MARMONTEL.)

§ 9e.

Du Participe passé employé dans les verbes pronominaux.

CINQUIÈME RÈGLE.

Tous les verbes *pronominaux*, ou presque tous, qu'ils soient actifs ou passifs, neutres, réfléchis ou réciproques, se conjuguent avec le verbe *être* dans les temps composés. Dans la plupart des verbes pronominaux, le verbe *être* est employé pour le verbe *avoir*; alors le participe ne s'accorde pas avec le sujet, mais bien avec le régime direct quand il en est précédé.

PARTICIPES VARIABLES	PARTICIPES INVARIABLES
parce qu'ils sont précédés de leurs régimes.	*parce qu'ils sont suivis de leurs régimes.*
EXEMPLES.	EXEMPLES.
Ma sœur *s'est coupée.*	Ma sœur *s'est coupé* le doigt.
Les habitans se *sont imposés* à la somme de.....	Les habitans se *sont imposé* la tâche de.....

Des enfans de Lévi la troupe partagée ,
Dans un profond silence , aux portes s'*est rangée*.

Cent fois je me *suis fait* une douceur extrême
D'entretenir Titus dans un autre lui-même.

(RACINE.)

REMARQUE.

Quand , dans un verbe pronominal , l'analyse ne permet pas de remplacer le verbe *être* par le verbe *avoir*, il faut faire accorder le participe avec le nominatif.

EXEMPLE.

Cette maison s'*est vendue* bien cher.

§ 10ᵉ.

Nous avons dit que le participe accompagné du verbe *être*, s'accordait avec son régime quand il en était précédé et quand le verbe *être* pouvait se remplacer par le verbe *avoir*; mais il arrive souvent que le nom qui précède le participe n'en est pas le régime , mais bien celui d'un verbe exprimé ou sous-entendu , et qui suit le participe; celui-ci reste alors invariable.

Nota. Le participe passé ne prend ni genre ni nombre , quand le verbe auquel il est joint est pris impersonnellement : ainsi on doit écrire, il s'*est glissé* une faute ; les chaleurs qu'il *a fait* cet été.

§ 11e.

Le participe suivi d'un infinitif peut se présenter de trois manières :

1°. Il est possible qu'il soit participe d'un verbe actif, et l'infinitif de même ;

Dans ce premier cas, quand on peut mettre le substantif, dont le régime pronom tient la place, entre le verbe et le participe, ce pronom sera le régime du participe, et par conséquent celui-ci s'accordera avec lui en genre et en nombre; il en sera autrement s'il est régime de l'infinitif.

Pour connaître si le pronom qui précède le participe en est le régime, ou celui de l'infinitif, c'est de tourner cet infinitif par le participe présent; alors il sera régime du participe; autrement il le sera de l'infinitif.

EXEMPLES.

L'actrice que *j'ai entendue* chanter.

Les sujets ont cessé de révérer les maximes quand ils les *ont vues* céder aux passions et aux intérêts de leurs princes.

(Bossuet.)

Les airs que j'*ai entendu* chanter.
La guerre ne se faisait pas comme nous l'*avons vu* faire du temps de Louis-le-Grand.

(Voltaire.)

2°. Il est possible que le participe soit participe d'un verbe actif, et l'infinitif, infinitif d'un verbe neutre ; alors le régime qui précède le participe appartient de droit au participe ;

EXEMPLES.

Les courriers que j'*ai vus* arriver.

La femme que j'*ai vue* mourir.

Je l'*ai vue* souffrir et mourir sans jamais marquer un instant de faiblesse.

(J.-J. ROUSSEAU.)

Les *a-t-on vus* marcher parmi vos ennemis ?

(RACINE.)

3°. Il est possible que le participe soit participe d'un verbe neutre, et l'infinitif, infinitif d'un verbe actif ; le régime est alors celui de l'infinitif, et le participe reste invariable.

EXEMPLES.

Les fautes que j'*ai tâché* de corriger.

Je vous envoie les livres que vous *avez paru* desirer.

§ 12e.

Il y a des cas où le régime paraît être celui du participe, tandis qu'il l'est du verbe suivant.

EXEMPLES.

La femme que j'*ai vu* peindre.

La femme que j'*ai vue* peindre.

Dans le premier exemple, le participe est invariable quand on veut dire qu'on a vu faire le portrait de la femme ; et dans le second il prend le genre et le nombre, si l'on veut dire qu'on a vu la femme peignant.

D'après cet exemple et ceux que l'on a vus dans le premier cas où l'on supposait le participe actif, ainsi que l'infinitif, on doit écrire :

EXEMPLES.

Je lui ai rendu tous les services que j'*ai pu.*

Il a obtenu toutes les grâces qu'il *a voulu.*

Je lui ai lu mon épître très-posément, jetant dans ma lecture toute la force et tout l'agrément que j'*ai pu.*

(BOILEAU.)

car, dans ces exemples, le régime pronom qui précède le participe, est régime de l'infinitif sous-entendu à la fin de la phrase.

Il faut apporter la même attention lorsque le participe est suivi d'un autre verbe soit à l'indicatif, soit au subjonctif, parce que le pronom qui précède ce premier verbe est ordinairement régi par le second.

EXEMPLES.

Les mathématiques que vous n'*avez* pas *voulu* que j'étudiasse.

Les succès que vous *avez prétendu* que j'obtiendrais, n'ont pas répondu à votre attente.

(BEAUZÉE.)

Le pronom *que*, dans les deux exemples, est régime des verbes qui suivent les participes ; ceux-ci restent donc invariables.

§ 13e.

PARTICIPE *fait*.

Ce participe, formant toujours un sens indivisible avec l'infinitif, ne varie jamais, et le régime qui précède ne dépend jamais de lui.

EXEMPLES.

La nature n'a-t-elle pas imposé une assez grande peine au peuple et aux malheureux de les *avoir fait* naître dans la dépendance.

(MASSILLON.)

J'ai pâli du dessein qui vous *a fait* sortir.

(RACINE.)

§ 14e.

PARTICIPE *laissé*.

Il est assujéti aux mêmes principes et à la même règle

que les autres participes passés, c'est-à-dire que pour déterminer l'accord, il faut examiner auquel, du participe ou de l'infinitif, appartient le régime qui précède le participe, si cet infinitif est actif ou neutre, et s'il a ou n'a pas de régime direct.

EXEMPLES.

Il est vrai que vous n'êtes pas venu à bout de votre dessein, le monde vous *a laissés* rire et pleurer tout seuls.

(J. RACINE.)

Et je vous *ai laissés* tout du long quereller
Pour voir où tout cela enfin pourrait aller.

(MOLIÈRE.)

§ 15e.

Tout participe précédé d'un *que* relatif, et suivi immédiatement de la conjonction *que* et d'un verbe, soit au conditionnel, soit au subjonctif, est toujours invariable.

EXEMPLES.

La lettre *que* j'ai *présumé que* vous recevriez.

(MARMONTEL.)

Les affaires *que* vous avez *présumé que* vous auriez.

(BEAUZÉE.)

§ 16e.

Participe précédé du pronom EN.

Le pronom *en*, joint à un verbe actif, peut être

considéré comme régime direct ou comme régime in-direct.

Quand on le considère comme régime direct, le participe ne varie pas, car ce pronom n'ayant ni genre ni nombre, ne saurait en communiquer au participe.

EXEMPLES.

Idoménée a fait de grandes fautes : mais cherchez dans les pays les mieux policés celui qui n'*en* ait pas *fait* d'inexcusables.

(FÉNÉLON.)

Madame, c'est à vous de prendre une victime
Que les Scythes auraient dérobée à vos coups
Si j'*en* avais *trouvé* d'aussi cruels que vous.

(RACINE.)

Quand le pronom *en* est regardé comme régime indirect, il n'influe nullement sur le participe, qui alors s'accorde avec son régime direct, lorsqu'il en est pré-cédé, ou reste invariable quand il en est suivi.

EXEMPLES.

La Renommée que Virgile décrit d'une manière si brillante, est fort supérieure à toutes les imitations qu'on *en* a *faites* (d'elles).

(DELILLE.)

Rendez grâces au ciel qui nous *en* a *vengés* (d'eux).

(CORNEILLE.)

Nota. Comme le pronom *en* n'influe sur le participe que lorsqu'il est régime direct, il en résulte qu'il n'exerce aucune influence sur le participe des verbes *passifs, impersonnels* et *neutres*, puisque ces verbes n'ont point de régime direct. Ainsi l'on dira : *Elle en est aimée ; ils en sont venus aux mains ; ils s'en sont repentis.*

FIN.

DE L'ACCENTUATION.

§ 1ᵉʳ.

LES accents sont des signes d'orthographe qui se mettent sur une voyelle, soit pour en faire connaître la véritable prononciation, soit pour faire distinguer le sens d'un mot d'avec celui d'un autre mot qui s'écrit de même, mais dont le sens est différent.

§ 2ᵉ.

On reconnaît, dans la langue française, trois sortes d'accents : l'accent aigu (´), l'accent grave (\`) et l'accent circonflexe (^).

§ 3ᵉ.

Le premier se met sur les *é* fermés qui terminent la syllabe, ou qui sont seulement suivis d'un *s*, signe du pluriel.

EXEMPLE.

Les *prés émaillés* de fleurs présentent l'aspect le plus riant.

§ 4ᵉ.

Le second se met sur les *è* ouverts qui terminent la syllabe, ou qui sont suivis d'un *s* qui termine le mot.

EXEMPLE.

La meilleure *règle* à suivre dans la vie civile, c'est d'éviter les *procès*.

§ 5e.

On fait également usage de l'accent grave dans plusieurs mots pour empêcher qu'on ne les confonde avec d'autres ; par exemple, on l'emploie pour le mot *là*, adverbe, afin de le distinguer de l'article et du pronom relatif *la*.

EXEMPLE.

L'égalité est au cimetière ; mais elle n'est que *là*.

§ 6e.

Où, adverbe de lieu, s'écrit avec l'accent grave.

EXEMPLES.

L'adversité est le creuset *où* la vertu s'épure, et la pierre de touche *où* l'amitié s'éprouve.

Où la vertu finit, *là* commence le vice.

Ou écrit sans accent est conjonction.

EXEMPLE.

Les rois sont, dans la main des dieux,
Les instrumens de la clémence
Ou de la colère des cieux.

(J.-B. Rousseau.)

§ 7e.

Dès s'écrit avec l'accent grave quand il signifie *à partir de*, *du moment*, ou *puisque*, et sans accent quand il est article.

EXEMPLES.

L'homme, *dès* sa naissance, a le sentiment du plaisir et de la douleur.

(Marmontel.)

Des talens précoces mûrissent rarement.

§ 8ᵉ.

A, préposition, s'écrit avec l'accent grave, mais non quand il est troisième personne du singulier du verbe *avoir*.

EXEMPLES.

Que tu sais bien, Racine, *à* l'aide d'un acteur,
Emouvoir, étonner, ravir un spectateur !
(BOILEAU.)

La guerre *a* ses plaisirs, l'hymen *a* ses alarmes.
(LAFONTAINE.)

§ 9ᵉ.

L'accent circonflexe nous vient des Grecs ; on l'emploie quand la voyelle est longue, ou quand il y a contraction de deux voyelles en une seule, comme dans le mot *âge*.

On ne met point d'accent circonflexe sur l'*u* de la préposition *sur*, ni sur le mot *mur* substantif.

EXEMPLES.

On peut dans les prisons entraîner l'innocence ;
Mais l'homme généreux, armé de sa constance,
Sous le poids de ses fers n'est jamais abattu :
S'ils pèsent *sur* le crime, ils parent la vertu.
(RENOUARD, *Templiers.*)

Du sac et du serpent aussitôt il donna
Contre les *murs*, tant qu'il tua la bête.
(LA FONTAINE.)

On met un accent circonflexe sur l'*u* des adjectifs *mûr*, *sûr*.

EXEMPLE.

Ami *sûr* et douce amie
Font le charme de la vie.

§ 10e.

Le participe *dû* ne prend d'accent circonflexe ni au féminin, ni au pluriel masculin, et il n'en prend au singulier que pour le distinguer de la particule *du*.

EXEMPLE.

A ces beaux sentimens les dignités sont *dues*.

§ 11e.

Enfin l'accent circonflexe se met sur le mot *tû*, participe passé du verbe taire, pour le distinguer du pronom *tu*, et sur *crû*, participe passé du verbe *croître*, pour le distinguer de *cru*, participe de *croire*.

EXEMPLES.

Pour ne la plus aimer j'ai cent fois combattu :
Je n'ai pu l'oublier, au moins je me suis *tû*.

Cet enfant a *crû* merveilleusement depuis deux mois.

FIN.